AF349607

L'EFFROYABLE INCENDIE

ET

BRUSLEMENT GENERAL

DE LA

GRANDE FOREST DE BOISFORT

EN PICARDIE

Et les déplorables ruines arrivées par le Feu
aux lieux circonvoisins.

*La Nuict du Mardy au Mercredy
trentiesme Aoust 1634.*

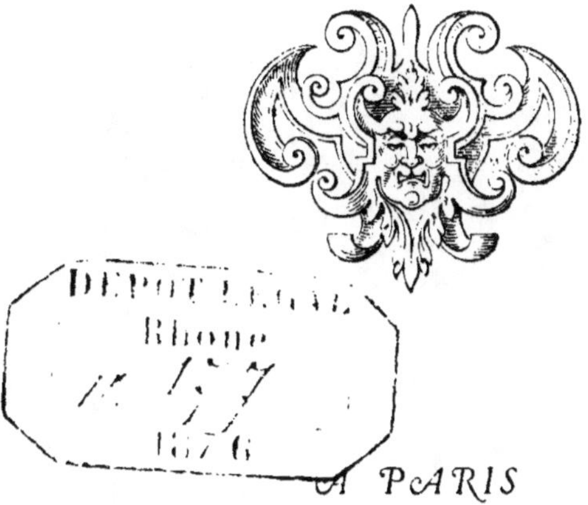

A PARIS

IEAN AUGÉ, rüe S. Jacques

1634.

L'EFFROYABLE INCENDIE

ET BRUSLEMENT GENERAL

DE LA

GRANDE FOREST

DE

BOISFORT EN PICARDIE

Et les desplorables ruines arrivées par le Feu
aux lieux circonvoisins.

*La Nuict du Mardy au Mercredy
30 Aoust 1634.*

 UPARAVANT que de vous descrire
quel a esté l'effroyable incendie
et bruslement general arrivé à la
grande forest de Boisfort en Picardie, et les grandes et déplorables ruines
qui sont survenuës par le feu, aux lieux
circonvoisins, la nuict du Mardy au Mercredy

trentiesme Aoust présente année 1634, j'ay trouvé à propos de faire voir quel est l'ordre des quatre elemens, sçavoir le Feu, l'Air, l'Eau et la Terre, et de faire paroistre comme le Feu est le plus puissant et redoutable de tous, en cette sorte.

Chacun sçait qu'il y a quatre Elemens, dont le premier et le plus haut c'est le Feu : ce qui est aysé à voir es cometes, qui est une vapeur que le feu enflamme.

L'autre plus prochain, c'est l'Air, qui est appellé des Grecs et des Latins *Aer*. Cet Element vivifie toutes choses : aussi se fourre il partout, et se mesle avec tout ce qui est de cet univers : et tient-on que par la vertu d'iceluy la terre balance au milieu de l'eau, qui est le quart element.

De-là vient que joignant l'un à l'autre, ils causent une liaison et complexion si grande que ceux qui sont legers sont retenus bas par la pesanteur de ceux qui sont pesans, et au contraire ceux qui sont les plus legers tiennent les plus pesans en raison, et les gardent d'aller à fonds.

Et par ainsi usans esgalement de leurs forces

contraires, et chacun en son endroict, ils demeurent fermez et retirez de l'assiduel du Ciel ; lequel se contournant tousjours en soy-mesme tient la terre en son milieu comme le plus bas Element de tous.

La terre aussi suspenduë aux engons de cet univers, tient par contre-eschange les Elemens mesmes qui la tiennent en suspens. Et neantmoins elle est seule immobile, car tout cet univers se contourne à l'entour d'icelle. Et néantmoins comme elle est meslée et composée de tous les autres Elemens, aussi leur sert-elle comme d'appuy.

Voila ce quel est l'ordre (suivant l'Histoire naturelle) des quatre Elemens en general.

Et pour le particulier il faut confesser que le Feu est le plus puissant de tous, puis qu'il a ce pouvoir de consommer tous les autres, aussi est-il le plus à craindre qu'il y aye, attendu les effroyables effects et les grands accidens qui arrivent tous les jours par ses incendies.

Autrefois ce puissant Element, le Feu, a bruslé et consommé, et reduit en cendre la puissante ville de Troye la Grande, nonobstant toutes les resistances que les Grecs y peurent apporter.

Mais sans emprunter les effroyables et desplorables incendies, qui ont reduit par cydevant les plus puissantes Citez en deserts.

Nous avons veu à nostre tres grand regret, les accidens qui sont arrivez en divers lieux de se Royaume depuis quelques annees.

Sçavoir le brulement du Palais de la ville de Paris (petit Microcosme de l'Univers) dans lequel le plus Auguste Senat du Monde, rend équitablement la justice à un chacun.

En suite de ce le desastre survenu par cet effroyable Element sur les ponts aux Changes, et Meusnier, et encore sur ce Temple sacré de la Saincte Chapelle du mesme lieu.

Et apres le bruslement entier de la ville de Sezanne en Brie, laquelle par la piété, et charité ordinaire de cet Esminent Cardinal de Richelieu, est tantost restablie beaucoup mieux qu'elle n'estoit auparavant son incendie.

Mais pour faire voir amplement quel est la fureur du Feu, je ne vous representeray que ceste grande et effroyable incendie qui est survenuë, comme dit est, à la puissante

Forest de Boisfort en Picardie, en cette ma-
nière.

La Forest de Boisfort dans la Province de
Picardie, appartenant à Monsieur de Vignolle,
distante de la ville de Paris de vingt-quatre
lieuës, estant en couppes de bois, le dit sieur
de Vignolle en auroit vendu ladite couppe à
des Marchands de la ville de Compiegne
moyennant le prix arresté entre-eux.

Pour donc mettre le bois à bas et en estat
de charger sur des basteaux pour faire con-
duire dans la ville de Paris, les dits marchands
auroient depuis le mois de Mars dernier,
employé deux à trois cents Baucherons qui
continuellement depuis ce dit temps, ont esté
employez à coupper le dit bois, à faire bois
de corde, busches et fagots.

Or comme ceste forest contient bien en
longueur pres de deux lieuës, et en largeur
une demie ou environ, la dite couppe n'a
sceu estre si tost faicte, ce qui a fait que le dit
bois ainsi couppé a esté par les grandes cha-
leurs qu'il a faites rendu sec, et presque en
estat de brusler.

Il est arrivé qu'un nombre desdits Baucherons s'estans resjouys un peu plus que l'ordinaire au suject d'une Feste de village, qui estoit proche d'une demi-lieuë de la dite forest, que s'estant rendu le soir du Mardy 29 du mois d'Aoust dans les cabanes qu'ils s'estoient faictes couvertes de pailles et broussailles pour les mettre à couvert lors des injures du temps, et mesme y couchoient attendu la distance qu'il y avoit de la dite forest à leurs domicilles.

Par un grand mal-heur, la nuict du Mardy au Mercredy trentiesme dudit mois, sur les unze heures de nuict, nombre desdits Baucherons s'estans endormis d'un profond sommeil, pour le travail qu'ils avoient eus le long du jour, et autres qui s'amusant les uns contre les autres à badiner, vinrent avec quelques brandons de pailles par inadvertance approcher de trop pres des pailles et broussailles, dont les dites Cabanes ou Logettes estoient construites.

Le Feu qui est un Element, ainsi que nous l'avons dit, le plus effroyable de tous les quatre, et duquel il ne se faut point jouër en aucune façon que ce soit, se venant à prendre

d'une telle fureur à l'une des sesdites Logettes,
que dans un instant elle fut embrasee, et de
là se coula à d'autres, qui furent aussi con-
sommees par cet effroyable incendie.

Sur ce desplorable accident il s'esleva un
vent qui jetta le feu dans les Bruieres qui
estoient proches, lesquelles estant embrazees
mirent le feu au bois qui estoit à bas, destiné
pour mettre en fagots, lequel aussi fut aussy
tost en flambe par le moyen de certaines
petites menuës broussailles (seiches comme
allumettes) qui estoient en quantité dessous
le dit bois.

Et de là gagna les lieux ou estoit en pille le
bois de Corde qui estoit presque sec, mais
estant animé du vent qui pour lors faisoit, il a
esté reduit la plus grande partie en cendre, et
ainsi toute la Forest entiere a ressenty quelle
est la fureur de cet Element, dont la perte est
estimee à plus de deux cents cinquante mil
livres, à quoi l'on n'a sceu trouver aucun
remède.

Ce n'est pas tout, les Villages et Hameaux
qui sont proches de la dite Forest ont estez
aussi grandement ruinez, et notamment ceux

contre lesquels le vent jettoit les flamesches.

Car venant à tomber sur la couverture des maisons qui ne sont couvertes que de chaumes et pailles, le feu s'y est tellement couvé dessus, que la mesme journee il y a eu plus de soixante de perdues et bruslees, et n'eust esté les promps remedes et diligences qu'on apporta pour coupper le chemin au Feu, il est à croire qu'il n'en n'eust resté aucunes qui n'eussent esté consommées ainsi que les autres.

Mais Dieu qui par sa providence arreste toutes choses quand bon luy semble, fit cesser les vents, et par ainsi cet effroyable incendie fut arresté : car autrement il estoit à craindre que tout le pays n'eust esté perdu.

LYON
Imprim. Louis Perrin.
M DCCC LXXV